Festschrift

zum
150. Stiftungsfest

der
Johannisloge
»Heinrich zur Treue«
zu Gera

14.12.2024

Inhaltsverzeichnis

Zum Geleit

Sehr geehrte Damen und Herren, liebe Schwestern, liebe Brüder,

Als eine der drei Johannislogen unserer schönen Stadt Gera treffen sich seit 1874 unter dem Dach unserer Johannisloge »Heinrich zur Treue« freie Männer von gutem Ruf, um durch die königliche Kunst – die stille Arbeit eines jeden an sich selbst – den Zustand des rauen Steins ein Stück weit hinter sich zu lassen. In kleinen Schritten nähern wir uns dem Ideal des gleichseitig behauenen Steins, dem Kubus mit geglätteten Ebenen und Kanten. Auch wenn dieses Ideal kaum vollständig erreichbar ist, besteht unsere Arbeit darin, an uns selbst und nicht am Nebenmann zu arbeiten, Unebenheiten zu erkennen und zu beseitigen. Auf diese Weise senden wir stetig kleine Verbesserungen in unser privates und berufliches Umfeld aus und fügen fortwährend kleine Bausteine am Tempel der Menschenliebe hinzu.

Die Freimaurerei sehe ich dabei als einen Werkzeugkasten, der uns Hilfsmittel in Form von Symbolen und Handlungen zur Verfügung stellt. Dennoch gibt es keinen festgelegten Weg. Vielmehr ist es jedem Einzelnen überlassen, die für sich richtigen Werkzeuge zu finden und zu verwenden. Eine Vielzahl von Symbolen begleitet dabei unseren Weg: vom bereits erwähnten rauen und kubischen Stein über Winkel und Zirkel, die Johannisrosen – die Rosen der Liebe – bis hin zum Licht, das vor 150 Jahren in unsere Loge eingebracht wurde.

Das Licht dient uns als Orientierung in der Dunkelheit der Unwissenheit, als Hoffnung auf die Zukunft und unterstützt die Suche nach der Wahrheit. Es hilft uns, die Grenzen unserer eigenen Beschränktheit zu überwinden.

Mit Dankbarkeit blicken wir in die Zukunft und freuen uns auf das Wiedersehen mit unseren Brüdern aus Remscheid, die unsere Loge aus der dunklen Zeit der vergangenen Diktaturen geführt haben. Durch unermüdliche Arbeit und großen persönlichen Einsatz haben sie unser Licht wieder zum Glimmen und schließlich zum Leuchten gebracht. Möge es uns auch in Zukunft möglich sein, dieses Licht zu nähren, zu pflegen und wachsen zu lassen.

Mein besonderer Dank gilt unserem Alt-Logenmeister, Bruder Michael Schlutter, der sich der aufwendigen Recherchearbeit im Geheimen Staatsarchiv Preußischer Kulturbesitz gestellt und die Geschichte unserer Loge publiziert hat. Ebenso danke ich unserem Alt-Logenmeister, Bruder Mirko Otto, für die Zusammenstellung der wichtigen Eckpunkte für diese Festschrift.

Ich wünsche Ihnen allen Frieden, Freude und Einigkeit auf Ihrem Weg. Möge der Segen des dreifach großen Baumeisters Sie begleiten.

Jan Weiser

Logenmeister

Grußwort des Oberbürgermeisters der Stadt Gera

Liebe Brüder und Schwestern,

die Feier des 150-jährigen Jubiläums Ihrer Geraer Freimaurer-Johannisloge »Heinrich zur Treue« gibt Anlass zur Freude. Am 14. Dezember 2024 werden Sie diesen historischen Meilenstein begehen und auf eine bewegte Geschichte zurückblicken, die nicht nur geprägt ist von Tradition, sondern auch von der unermüdlichen Kraft des Geistes. Die Gründung der Loge am 19. Dezember 1874 in Gera war mehr als nur ein Moment im Kalender; sie war der Augenblick, der eine Gemeinschaft ins Leben rief, die sich den Werten der Menschlichkeit, der Freiheit und der Bildung verschrieben hat. Der Name der Loge, inspiriert von den Fürsten von Reuß, erinnert uns an die Wurzeln und das Erbe, das wir hochhalten – während Fürst Reuß XIV. j.L. in Gera regierte, florierte und aufblühte.

Der Weg war nicht immer einfach. In den dunklen Zeiten der nationalsozialistischen Diktatur, wurde das Streben nach Licht und Wahrheit gewaltsam unterdrückt. Erst nach der Wiedervereinigung Deutschlands, konnte am 7. Juni 1997 mit der erneuten »Lichteinbringung« in einer bewegenden Zeremonie, die Fackel der Gemeinschaft wieder entfacht werden. Diese wurde unterstützt von der treuen Patenloge »Zu dem Romeriken Bergen« aus Remscheid. Diese Bindung, die auch heute noch besteht, ist für mich mehr als beeindruckend.

»Licht« ist nicht nur ein Wort – es ist der Geist von Frieden, Bildung und Kultur, den wir miteinander teilen. In der Zeit der Aufklärung geboren, reicht die Freimaurerei als eine Leuchte von Werten, die damals revolutionär und heute so notwendig sind: Gleichheit, Brüderlichkeit, Toleranz und Humanität. In einer Welt, in der diese Prinzipien oft angegriffen werden, nehmen die Freimaurer die Verantwortung ernst, ihre Wahrhaftigkeit zu verteidigen und sie weiterzugeben.

Anlässlich des 150. Geburtstags wünsche ich der Johannisloge »Heinrich zur Treue« in Gera alles erdenklich Gute. Möge das Licht weiterhin leuchten und die Herzen der Menschen berühren, möge der Geist Ihres gemeinsamen Schaffens die Welt um uns herum inspirieren. Mit meinen herzlichsten Glückwünschen sende ich die besten Grüße aus der Stadt Gera.

Ihr
Kurt Dannenberg
Oberbürgermeister der Stadt Gera

Grußwort des Ordens ✠ Meisters der Großen Landesloge der Freimaurer von Deutschland – Freimaurerorden

Der christliche deutsche Freimaurerorden ist 254 Jahre alt. Die Johannisloge »Heinrich zur Treue« seit 150 Jahren ein treuer Bestandteil des Ordens. In dieser Festschrift werden diese 150 Jahre betrachtet. Sie lassen sich in drei Perioden einteilen.

Die ersten 50 Jahre ihres Bestehens, von 1874 bis 1924, waren die erfolgreichsten Jahre. Erfolgreich, weil bis zu 150 Brüder in dieser Loge, eine von drei Geraer Freimaurerlogen, arbeiten konnten. Erfolg-reich, weil sich die Brüder in über tausend Tempelarbeiten der Aufgabe stellten, sich zu verbessern und dadurch ihr gesellschaftliches Umfeld humanistischer zu gestalten. Erfolgreich, weil sich die Logenbrüder vielfältig für die Einwohner der Stadt Gera engagierten.

Die nächsten ca. 65 Jahre, von 1925 bis 1989, waren die hoffnungslosesten Jahre in der Logengeschichte. Intoleranz, Menschenfeindlichkeit, Rassismus und Nationalismus in Deutschland hatten der freimaurerischen Arbeit nach und nach den Boden entzogen. Im Ergebnis war die Tätigkeit der Loge von 1935 bis 1990 in zwei Diktaturen verboten.

Ab 1989 begannen die 35 hoffungsvollsten Jahre. Die Hoffnung kam dabei zunächst von Brüdern aus Remscheid mit ihrem großen Engagement in der Phase des Wiederaufbaues von 1991 bis 2003. Die Hoffnung wird seitdem genährt durch eine wachsende Bruderschaft, geführt von engagierten Meistern, wie Michael Schlutter, Rainer Ploska, Mirko Otto und Jan Weiser. Das Engagement der Bruderschaft ist dabei sowohl bürgerschaftlich auf die Stadt ausgerichtet wie auch auf die Bruderschaft in Mitteldeutschland, ja den gesamten Freimaurerorden.

Auf der Basis der Arbeit an sich selbst, nach den jahrhundertealten Symbolen und christlichen Ritualen des Ordens, bei ständigem Bemühen um die freimaurerischen Werte, wie Menschenrechte, Menschenwürde, Völkerverständigung, Liebe zum Nächsten und zum Vaterland, kann die Zukunft nur hoffnungsvoll sein.

Die mühevolle, aber auch hoffnungsvolle Arbeit der Brüder meiner Johannisloge »Heinrich zur Treue« in Gera möge in Frieden, Freude und Einigkeit geschehen.

Br. Uwe Matthes
Ordens ✠ Meister in Deutschland

Grußwort des Landesgroßmeisters der Großen Landesloge der Freimaurer von Deutschland – Freimaurerorden

Die Johannisloge »Heinrich zur Treue« in Gera feiert ihr 150. Stiftungsfest und es ist mir eine Ehre und Freude in dieser mehr als gelungenen Festschrift einige Worte zum Geleit und als Impuls geben zu dürfen.

In der ersten Festrede am 19. Dezember 1874 behandelte der damalige Redner, Bruder Bankwitz, im profanen Beruf Oberpfarrer aus Lobeda (bei Jena), das Thema »Worin besteht die Aufgabe einer Loge?«.

Die Freimaurerei, oftmals auch als Königliche Kunst bezeichnet, versteht sich als ein ethischer Bund freier Menschen mit der Überzeugung, dass die ständige Arbeit an sich selbst zu Selbsterkenntnis und einem menschlicheren Verhalten führt.

Die Johannisloge »Heinrich zur Treue« kann auf eine erfolgreiche 150-jährige Geschichte mit Stolz zurückblicken, insbesondere auch auf ihre Mitglieder. Denn natürlich ist es nicht die Großloge, nicht die einzelne Loge vor Ort, die etwas bewegen kann. Es ist der einzelne Freimaurer, der sich engagiert, der etwas in der Gesellschaft oder in seinem direkten Umfeld positiv verändert. Und ja, die Loge bietet einen geschützten Platz, einen Rückzugsort. In Zeiten von Absolutismus, Folter und Zensur war die Loge Keimzelle für freies Denken und Vernetzung unter den Brüdern und ist es natürlich mit anderen Vorzeichen auch noch heute.

Was will und was tut die Freimaurerei? Aus guten Männern bessere machen – das ist die einfache Antwort. Und das geschieht in der Johannisloge »Heinrich zur Treue« seit 150 Jahren sehr erfolgreich.

Freimaurerei ist schließlich das älteste und erfolgreichste Netzwerk der Weltgeschichte zur Persönlichkeitsentwicklung – mit einer langen Referenzliste prominenter Brüder.

Mögen Friede, Freude und Einigkeit die Brüder Freimaurer der ehrwürdigen Johannisloge »Heinrich zur Treue« auch weiterhin begleiten und das 150. Stiftungsfest zu einem Sinnbild der Beständigkeit erstrahlen lassen.

Berlin, im November 2024

Br. Horst Reimann
Landesgroßmeister

Grußwort des Vollkommenen Ordenskapitel »Fortiter Pugnans«

Liebe Brüder der Johannisloge »Heinrich zur Treue« in Gera.

150 Jahre nach der Lichteinbringung wird immer noch in dieser Loge der Grundstein für die freimaurerische Entwicklung von Männern zu Brüdern gelegt. Immer noch nach 150 Jahren werden Suchende in unseren Orden in die Johannisloge »Heinrich zur Treue« aufgenommen. Und immer noch werden aus den Aufgenommenen in ihrer Entwicklung selbstbestimmte Brüder, die sich auf den Weg machen, dass Woher und Wohin zu erforschen und zu leben.

In Gera hat die Loge »Heinrich zur Treue« nach der politischen Wende 1997 angefangen ihre oben genannten Aufgaben wieder aufzunehmen.

Die Erfolge können sich sehen lassen, hat die Loge doch aus ihren Reihen den Weisesten Ordensmeister, Bruder Uwe Matthes, hervorgebracht. Er war es auch, der unser einziges Kapitel Fortiter Pugnans in der Provinz Sachsen, Sachsen-Anhalt und Thüringen mit anderen Brüdern wiedergegründet und aufgebaut hat.

Sein Nachfolger als Kapitelmeister, Bruder Michael Schlutter, auch ein verdienter Bruder der »Geraer Schule«. Und auch heute haben Geraer Brüder verantwortungsvolle Aufgaben in unserem Kapitel. Und sie nehmen ihre Aufgaben ernst, wie sie es in ihrer Johannisloge »Heinrich zur Treue« gelernt haben.

Dafür bin ich den Brüdern dieser Loge dankbar.
Ich wünsche den Brüdern der Johannisloge »Heinrich zur Treue« Gera alles Gute.

Lothar Selzer
Kapitelmeister

Grußwort des Wortführender Andreasmeister »Fidem Servans«

Die Stadt Gera blickt auf eine reiche freimaurerische Geschichte zurück.
Bereits 1804 wurde das Licht in die Loge »Archimedes zum ewigen Bunde«
eingebracht, der dann, 1874 – vor genau 150 Jahren – die Loge »Heinrich
zur Treue« folgte; später, 1923 kam noch die Loge »Zum Licht am
Osterstein« hinzu.

Durch ihre bis zu 386 Mitglieder (u.a. dem Bürgermeister Robert Fischer und
den jeweiligen Fürsten Reuß) war die Königliche Kunst aus dem politischen
und gesellschaftlichen Leben der Stadt nicht wegzudenken, und durch das
eindrucksvolle Logenhaus der »Archimedes« auch optisch sehr präsent.

Das dem gegenüber heute die Freimaurerei in Gera und allgemein in
Deutschland wenig Wahrnehmung erfährt, mag vor allem an den
Nachwirkungen ihres Verbotes von 1935 bis 1990 liegen, aber sicherlich
auch am momentanen Zeitgeist, der ihr nicht gewogen scheint.

Gleichwohl fanden sich nach der Reaktivierung der Ordensloge »Heinrich
zur Treue« 1997 – und finden sich noch immer – nach und nach Brüder
zusammen (derzeit zirka 20), die die Traditionen und Rituale ihrer
christlichen Großloge und die die Arbeit an sich selbst und somit auch den
Dienst am Allgemeinwohl pflegen und weitertragen.

Damit werden sie ihrem Eid als Freimaurer gerecht, aber auch dem anspruchsvollen Namen ihrer Loge, den die Brüder um Ewan von Seckendorff seinerzeit wählten – »Heinrich zur Treue«.
Und diese Treue zeigt sich nicht zuletzt in der gewissenhaften Pflichterfüllung in den verschiedenen Gliederungen des Ordens.

Die Andreasloge »Fidem Servans« verdankt seit ihrer Wiedereinsetzung 2001 in Rudolstadt der Geraer Bruderschaft zahlreiche engagierte Beamte und aktive Andreas-Brüder, die ihr stets ein festes, ein verlässliches Rückgrat sind.

So ist es zwar ungewöhnlich, aber nicht verwunderlich, dass in den 23 Jahren ihres neuerlichen Bestehens vier von ihren bislang fünf Wortführenden Andreasmeistern aus der Loge in Gera stammen…

Möge sie, die Johannisloge »Heinrich zur Treue« weiterhin gedeihen und zum Besten wirken, und mögen ihre Brüder, zu denen ich mich dankbar zählen darf, auch hinfort mit dem Segen des Allmächtigen erfolgreich ihre Königliche Kunst verrichten!

Meinen herzlichsten Glückwunsch zum 150sten Stiftungsfest!

Br. Kay Voigtmann
Wortführender Andreasmeister »Fidem Servans«

Vom freimaurerischen Club bis zur Gründung der Loge

Die Gründung der Johannisloge »Heinrich zur Treue« in Gera fällt auf den Sonnabend, 19. Dezember 1874. Die Geraer Zeitung schreibt hierzu am 23. Dezember Folgendes:

»Am Sonnabend, dem 19. Dezember, wurde durch Abgeordnete der großen Landesloge der Freimaurer von Deutschland in Berlin hier eine neue Freimaurerloge mit dem Namen »Heinrich zur Treue« eröffnet und bestätigt. Zu dieser Feierlichkeit waren verschiedene Deputationen auswärtiger Logen erschienen. Es ist wohl von Wichtigkeit, dass bei Zunahme unserer Stadt auch hier eine Loge besteht, die unter dem Schutz der Großen Landesloge tätig ist.«

Begonnen hat die Geschichte unserer Loge aber bereits mit der Gründung eines freimaurerischen Klubs, der sich regelmäßig im Haus Gera in der Kirchgasse 1 traf. Aus diesem Kreis heraus wurde im Frühjahr des Jahres 1874 die Gründung bei der Großen Landesloge der Freimaurer von Deutschland beantragt. Die Statuten für die Loge »Heinrich zur Treue« waren erarbeitet worden. Es wurde ein ansprechendes Quartier bei der Witwe Eichler, jenseits der Heinrichsbrücke (jetzige Waldstraße 1), gefunden, und die Brüder gingen voller Optimismus an die Gründung »ihrer« Loge.

Der ursprünglich geplante Stiftungstermin zum Heinrichstag im Juli 1874 konnte jedoch nicht eingehalten werden. Die Verzögerung der Gründung wurde unter anderem durch den Umstand verursacht, dass einige Brüder aus den Logen der Umgebung, die ihre Mitgliedschaft in der neuen Loge angekündigt hatten, nicht mehr zur Verfügung standen. Sie beabsichtigten nun, eine eigene Loge in Triptis zu gründen. Im Verlauf der weiteren Vorbereitungen kam es jedoch zu weiteren Schwierigkeiten. Bruder v. Seckendorff, die treibende Kraft bei der Gründung, verlor das Interesse und trat von seinem Amt als Vorsitzender des Freimaurerischen Klubs zurück. Da die Räume für die zukünftige Loge jedoch bereits angemietet waren und auch die Erteilung der Konstitution bei der Großen Landesloge beantragt worden war, drängte nun die Große Landesloge auf die Durchführung einer

Logenmeisterwahl und darauf, dass die Vorbereitungen zur Lichteinbringung vorangetrieben werden sollten. Aus der Logenmeisterwahl ging der Bruder Bankwitz, im profanen Beruf Oberpfarrer aus Lobeda (bei Jena), als Logenmeister hervor. Die Wahl eines nicht ortsansässigen Meisters war nicht ideal, aber die Tatsache, dass eine Wahl durchgeführt worden war und die Loge nun langsam eine Struktur annahm, machte die Brüder zuversichtlich, dass die Logengründung bald stattfinden könne. Auch weitere kleine Rückschläge konnten die Vorbereitungen zur Lichteinbringung nicht mehr stoppen. Im Laufe dieses Prozesses bekundete der Bruder von Seckendorff aus den Anfangszeiten des Freimaurerklubs wieder sein Interesse, am Aufbau der Loge mitzuwirken.

In einer außerordentlichen Klubsitzung, in welcher Bruder Bankwitz »freudig« seinen Rücktritt erklärte, wurde er einstimmig zum Logenmeister gewählt und damit zum Gründungslogenmeister unserer ehrwürdigen Johannisloge »Heinrich zur Treue« Gera.
Die ersten Jahre bis zum 25. Stiftungsfest 1874 bis 1899

»Nun endlich, am 19. Dezember, mittags um 12 Uhr, weihte der damalige Weiseste Ordens ✠ Meister Bruder Alexis Schmidt in Berlin, unter Assistenz der hierzu berufenen höchstleuchtenden Bruder Günzel – Münchenbernsdorf als 1. Großaufseher, Behrens-Tanneck als 2. Großaufseher, Barthel-Triptis als Groß- Zeremonienmeister, und unter zahlreicher Beteiligung hiesiger und auswärtiger Brüder, die Loge und brachte im Namen der Großen Landesloge der Freimaurer von Deutschlang das Licht ein. Er setzte:

Bruder v. Seckendorff als Logenmeister,
Bruder Bankwitz als deputierter Logenmeister und Redner,
Bruder Grothe als 1. Aufseher,
Bruder v. Niebecker als 2. Aufseher,
Bruder Gehring als Schatzmeister,
Bruder Ißleib als Sekretär,
Bruder Wille als Zeremonienmeister

ein.«

Heutige Ansicht Kirchgasse 1

16

Da der Bericht des Bruders Linz ausdrücklich Berlin als Ort der Weihe und der Lichteinbringung nennt, ist davon auszugehen, dass die Feierlichkeiten anlässlich der Lichteinbringung dann wieder in Gera stattfanden. Bruder Linz fährt in seinem Bericht wie folgt fort:
In der Festrede behandelte Bruder Bankwitz das Thema: »Worin besteht die Aufgabe einer Loge?«

Das Logenlokal befand sich, wie bereits erwähnt, im Hause Waldstraße 1, in der 1. Etage, die der Witwe Eichler gehörte. Zur Abhaltung der Tafelloge war das damals Restaurationszwecken dienende Gebäude im fürstlichen Küchengarten gewählt worden. Die Feier verlief in animierter Stimmung, begleitet von den besten Wünschen der als Deputation von den benachbarten Logen entsandten Brüder.

Auch wenn die ersten Jahre unserer Loge durchaus nicht einfach für die Brüder waren, ging es mit der Entwicklung unserer Loge voran.

Im Jahr 1899, dem 25. Jahr des Bestehens der Loge »Heinrich zur Treue«, weist das Matrikel der Loge 85 Brüder als Mitglieder seit ihrer Gründung aus. Das uns vorliegende Mitgliederverzeichnis der Loge für das Logenjahr 1878/ 79 führt 17 wirkliche Mitglieder der Loge auf. Im Mitgliederverzeichnis vom 10. Januar 1897 werden bereits 37 wirkliche Mitglieder aufgeführt.
Damit ist es den Brüdern gelungen, zwischen 1879 und 1899 durchschnittlich 3,4 neue Brüder pro Jahr aufzunehmen.

In den 25 Jahren von 1874 bis 1899 sind:
19 Brüder durch Tod ausgeschieden,
12 Brüder ehrenvoll entlassen worden,
6 Brüder haben gedeckt (haben die Loge verlassen),
5 Brüder wurden wegen Teilnahmslosigkeit oder Nichterfüllung der ökonomischen Verpflichtungen ausgeschlossen,
2 Brüder exkludiert (ausgeschlossen).

Damit hatte die Loge im Jahr ihres 25-jährigen Bestehens 41 aktive Mitglieder, darunter 2 dienende Brüder. Von den Mitgliedern wohnten 32 am Ort und 9 besuchten die Loge von außerhalb.

Die Altersstruktur der Gründungsmitglieder forderte ihren Tribut. So wurden von den genannten 85 in das Matrikel der Loge eingetragenen Brüder 19 Brüder in den ersten 25 Jahren des Bestehens in den ewigen Osten abberufen. Besonders schwer wog der Verlust, den die Loge mit dem Tod des Bruders von Seckendorff erlitt. Er wurde am 5. August 1882 nach längerer Krankheit in den ewigen Osten abberufen. Zu dieser Zeit war er Deputierter Logenmeister und seit der Gründung der Loge eines ihrer aktivsten Mitglieder. Nach den Berichten war er ein Mann von feinsinnigem und liebevollem Humor sowie einem ausgeprägten erzählerischen Talent. Er war überaus aktiv im humanitären Bereich, so ging beispielsweise die Gründung des »Rettig-Vereins« auf seine Initiative zurück. Der Verein hatte sich zur Aufgabe gestellt, Freistellen für würdig befundene Bürger in städtischen Hospitälern zu beschaffen, was auch vielfach gelungen war. Seine Beliebtheit zeigte sich bei seiner Beisetzungsfeier, bei der alle Kreise der Bevölkerung vertreten waren.

In den ersten 25 Jahren ihres Bestehens dienten der ‚Loge Heinrich zur Treue‘ als hammerführende Logenmeister 5 Brüder:

Bruder von Seckendorff: 1874 bis 1875,
Bruder von Niebecker: 1875 bis 1876,
Bruder Bankwitz: 1876 bis 1878,
Bruder von Seckendorff: 1878 bis 1881,
Bruder Hercher: 1881 bis 1888,
Bruder Linz: 1888 bis 1899 (1906).

In dieser Zeit wurden 514 Arbeiten abgehalten, davon 386 Arbeiten im Johannis Lehrlings Grad, darunter waren 279 Instruktionslogen, einschließlich der Wahl- und ökonomischen Logen. Es wurden 26 Stiftungsfestlogen, 25 Johannisfestlogen und 28 Trauerlogen abgehalten, darunter 3 Trauerlogen für die in den ewigen Osten gegangenen Brüder Kaiser Wilhelm I., Kaiser Friedrich III. und von Seckendorf. Die weiteren Arbeiten waren Aufnahmearbeiten in den II. und III. Grad

Darüber hinaus versammelten sich die Brüder regelmäßig, außer in den Logenferien, wöchentlich am Dienstag im Logenlokal zum geselligen Beisammensein, wobei in zwangloser Weise maurerische Themen besprochen und anderes erörtert wurde.

Logenmeister

Von der Jahrhundertwende bis zur Schließung der Loge
1900 bis 1935

Der Bruder Linz, welcher den Hammer zum 25. Jahrestag der Loge bereits 11 Jahre führte, konnte der Loge weitere sieben Jahre als Vorsitzender Meister dienen. Er hat damit die Ehrwürdige Johannisloge »Heinrich zur Treue« 18 Jahre durch eine schwere Zeit geführt und war wohl der Logenmeister, der die Loge mit seinem Geist und seiner aufopferungsvollen Arbeit am längsten beeinflusst hat.

Nach dem Ausscheiden des Bruders Linz musste unsere Loge eine »schwere Krise« durchstehen. Diese wurde mit Hilfe des Bruder Rühling, der Linz im Amt folgte, gemeistert.

Im Jahre 1907 wurde Bruder Rühling von Bruder Pfannmöller aus Triptis im Amt als Logenmeister abgelöst. Er lenkte die Geschicke unserer Loge bis ins Jahr 1913. Da sich kein einheimischer Bruder bereit erklärte, das Amt des Logenmeisters zu übernehmen, beschloss der Beamtenrat, dieses dem Bruder Pfannenschmidt aus Zeitz zu übertragen. Bruder Pfannenschmidt wurde am 18. Januar 1914 gewählt und leitete die Loge bis zum Ausbruch des Ersten Weltkriegs. Ab diesem Zeitpunkt verschlechterten sich die Arbeitsbedingungen der Brüder. Die Verkehrsverbindungen wurden unregelmäßig, sodass die auswärtigen Brüder nur schwer zu den Arbeiten anreisen konnten, und viele Brüder wurden zum Wehrdienst eingezogen. Dies führte dazu, dass während der Jahre des Ersten Weltkrieges die Zahl der Arbeiten und die Zahl der Besucher bei den Arbeiten stark zurückging. Darüber hinaus stellte die Loge ihre Räume (außer dem Tempel) dem Roten Kreuz zur Verfügung und war damit für die Dauer des Krieges heimatlos. Aber trotz aller Misslichkeiten: Die Verbindung zwischen den Brüdern blieb erhalten, die Bruderkette wurde auch in dieser schweren Zeit nicht unterbrochen.

Nach dem Ende des Ersten Weltkrieges war die Stimmung unter den Brüdern gedrückt, ein Blick in die Zukunft versprach nichts Positives. Aber die durchaus negativen Erwartungen erfüllten sich nicht. Der verlorene Erste Weltkrieg führte zu einer weiteren Festigung des freimaurerischen Gedankenguts in Deutschland und auch in unserer Loge. So wurden bald nach den Wirren der Revolution die Arbeiten unter guter Beteiligung wieder aufgenommen. Die Loge erlebte einen Andrang von Suchenden wie nie zuvor, und in fünf Logenjahren von 1921 bis 1924 konnten 61 Brüder aufgenommen werden. Die Loge entwickelte sich somit im zweiten Vierteljahrhundert ihres Bestehens gut. Zur Feier des fünfzigjährigen Bestehens der Loge hatte sie:

        8 Ehrenmitglieder,
        123 wirkliche Mitglieder,
        16 ständig besuchende Brüder,
        5 helfende Brüder.

Die Zahl der Mitglieder der Loge hatte sich in den ersten fünfzig Jahren ihres Bestehens mehr als versechsfacht.

Die zahlreichen Ehrenmitglieder zeigen, dass die Loge gute und brüderliche Kontakte zu den Nachbarlogen auch anderer Obedienzen hatte und in den ersten fünfzig Jahren ihres Bestehens in die deutsche Freimaurerei vollständig integriert wurde.

Unsere Loge hatte in den ersten fünfzig Jahren ihres Bestehens insgesamt 1029-mal gearbeitet, also durchschnittlich 21-mal im Jahr.

Das Logenleben der Nachkriegszeit, also der Jahre 1918 bis 1925, verlief harmonisch, wenn auch nicht immer einfach. Die wirtschaftliche Not der Einzelnen legte den Gedanken nahe, Einrichtungen brüderlicher Selbsthilfe zu schaffen. So wurde unter anderem am 1. Januar 1923 die »Kranzspende« gegründet, die bestimmt war, den Hinterbliebenen die damals unerschwinglichen Kosten einer würdigen Bestattung eines Bruders tragen zu helfen.

Die Zeit nach 1918 brachte der Loge viel Sorge, und es brauchte den ganzen Optimismus des Vorsitzenden Meisters, um die trübe Stimmung zu bannen.

Aber auch von freudigen Ereignissen wird berichtet: An drei Arbeiten, am 4. April 1922, am 27. März 1923 und am 24. März 1924, nahm seine Durchlaucht Bruder Heinrich der XXXIII., Prinz Reuß jüngere Linie, an den Arbeiten teil. Damit war die Verbindung zum Fürstenhaus Reuß, das mit seiner eigenen Namenstradition den Ausschlag für die Namensgebung der Loge gegeben hatte, auch zu diesem Zeitpunkt noch erhalten.

Die vorstehend bereits begonnene Liste der Logenmeister lässt sich wie folgt
fortsetzen:
Bruder Rühling: 1906 bis 1907,
Bruder Pfannmöller: 1907 bis 1913,
Bruder Pfannenschmidt: 1913 bis 1925.

Das Logenlokal der Loge befand sich:
1874 bis 1886: Waldstraße 1, im Haus der Witwe Eichler,
1886 bis 1908: im Hotel »Zum Bären«,
1908 bis 1910: De-Smith-Straße 5,
seit 1910:   im Gewerbehaus (heute Haus des Handwerks).

Aus der Zeit von 1925 bis 1935 sind mehrere Mitgliederverzeichnisse
erhalten geblieben, aus denen die personelle Entwicklung der Loge
abzuleiten ist.

Von den ordentlichen (einheimischen) Mitgliedern hat die Loge »Heinrich
zur Treue« in den acht Jahren von 1925 bis 1933 fast ein Drittel verloren, in
den Jahren nach 1929 bis 1933 allein 39 Brüder. Fünfzig Jahre hat es
gebraucht, diese Mitgliederzahl zu erreichen. Nur vier Jahre hat es gedauert,
unter dem Einfluss von Nachkriegszeit, Weltwirtschaftskrise, wachsendem
Nationalismus und aufkeimendem Faschismus diese Arbeit weitgehend zu
vernichten.

Die zunehmende freimaurerfeindliche Stimmung in Deutschland betraf alle
Logen, unabhängig von der Lehrart. Ebenso waren alle Logen von Austritten
und Deckungen betroffen.

Die sich häufenden Austritte von Brüdern, mit denen man über Jahre
zusammen die Ideale der freimaurerischen Arbeit gepflegt hatte, und das
Wissen über die falschen Inhalte, die von »völkischen Kreisen« über den
Inhalt der freimaurerischen Arbeit verbreitet wurden, haben sicherlich auch
so manchen Logenbeamten zweifeln lassen. Die Sorge um die Familie, um
die eigene Existenz und um die eigene körperliche, materielle, seelische und
soziale Unversehrtheit wird bei der Abwägung der schützenswerten Güter
verständlicherweise oft das Schwergewicht bekommen haben.

Heutige Ansicht Waldstrasse 1   Hotel »Zum Bären« (abgerissen)

Heutige Ansicht Gewerbehaus

Aus heutiger Sicht mag man die Anpassungsversuche der Brüder in der damaligen Situation kritisch sehen. Ich möchte mich indes jeglicher Bewertung enthalten und mit den vorstehenden Zitaten auch auf den Druck aufmerksam machen, unter dem die Brüder gestanden haben und wie sie versucht haben, »zu retten, was zu retten ist«, auch wenn uns das aus heutiger Sicht und unter dem Aspekt, der augenscheinlich bereits erfolgten faschistischen Unterwanderung der Logen zwecklos erscheinen muss. So scheiterten alle Versuche, die Freimaurerei am Leben zu erhalten, auf Logenebene und auch auf Ordens- und Landesebene.

Umso mutiger ist es, dass 1933 (27.01.1933) wiederum ein Stiftungsfest mit einer Logenmeisterwahl in unserer Johannisloge »Heinrich zur Treue« stattfand und der Bruder Walther Lührs, bislang Redner und vorbereitender Bruder, die Führung des ersten Hammers der Loge übernommen hat. Von Bruder Lührs wissen wir, dass er als damaliger Prokurist (vom 01.01.1928 bis 30.09.1936) der Geraer »Riebeck Brauerei« durchaus ein Mann war, der in der Öffentlichkeit stand und diese Position auch für die Erhaltung der Geraer Loge eingesetzt hat.

Aus den Unterlagen der Loge, welche im Geheimen Staatsarchiv Preußischer Kulturbesitz aufbewahrt werden, geht hervor, dass sich Bruder Lührs beim damaligen Gauleiter Sauckel um einen Termin bemüht hat, um vermutlich im Rahmen der bereits geschilderten »allgemeinen Anpassungs- bemühungen« Möglichkeiten der Erhaltung der Geraer Loge auszuloten. In der knappen und formlosen Antwort eines zuständigen »Bearbeiters« wird ihm mitgeteilt, dass ein Termin nicht möglich sei und er die anstehenden Probleme doch mit dem örtlich zuständigen Büro der NSDAP klären solle.

In dieser Zeit, vielleicht auch schon ein wenig früher, haben die verantwortlichen Brüder offensichtlich begonnen, sich auf die Schließung der Logen einzustellen. Was unsere Loge betrifft, wird dies besonders deutlich, wenn man die Vermögensentwicklung der Jahre 1931 bis 1934 bis hin zur Liquidation verfolgt, welche letztlich im Jahre 1937 erfolgte.

Durch eine kluge »Abschreibungspolitik« wurde das Logenvermögen bis zum 31.12.1934 verringert.

Wenig wissen wir über den Verbleib der Einrichtungsgegenstände, der rituellen sowie auch des sonstigen Inventars wie Möbel, Musikinstrumente usw. Dass zum Zeitpunkt der Liquidation der Loge eine Bibliothek vorhanden war, wissen wir aus einem Briefwechsel zwischen dem Bruder Paul Robert Schmidt, einem Geraer Logenmitglied. Über den Umfang der Büchersammlung sowie den Verbleib derselben ist uns nichts bekannt.

Im Jahr 1935 erlosch das freimaurerische Licht in den Logen des damaligen Deutschen Reiches, so auch in unserer Loge »Heinrich zur Treue« in Gera am 15. Juli 1935.

Toleranz und Brüderlichkeit, geistige Unabhängigkeit und Barmherzigkeit hatten keinen Platz in einem totalitären Staat. Die Ideale der bürgerlichen Gesellschaft, welche ihren Anfang in der Aufklärung genommen haben und deren Kind die Freimaurerei zu einem großen Teil war, wurden abgelöst von Blut und Ehre, von Rassenwahn und faschistischem Nationalismus.

Dennoch kam der Kontakt zwischen den Brüdern auch in der dunklen Zeit nicht vollständig zum Erliegen. Natürlich hatten sich viele ehemalige Logenmitglieder vom Orden abgewandt und sind ihren, wie auch immer zu bewertenden Weg, im profanen Leben gegangen. Aber nach wie vor gab es freundschaftlichen Schriftverkehr zwischen den Brüdern, man traf sich hin und wieder, und unter Briefgrüßen zum Geburtstag oder anderen Anlässen ist schon mal zu lesen: »Ihr Ihnen treu verbundener Obr. (Ordensbruder)."«

Die Brüder der Johannisloge »Heinrich zur Treue« zu Gera

Das letzte Johannisfest vor Beginn der dunklen Zeit.

24.06.1933

Ein erster vergeblicher Versuch der Reaktivierung 1945 und 1946

Deutschland nach dem 2. Weltkrieg – Zerstörung, wo immer man hinschaut. Durch das Verbot der Logen im Jahr 1935 und den Krieg sind viele freimaurerische Strukturen zerstört worden, Brüder sind gefallen, verwundet in Gefangenschaft gekommen oder werden vermisst. Trotz dieser widrigen Umstände beginnen die wenigen noch vorhandenen Brüder, Kontakt miteinander aufzunehmen, und sind bemüht, die Logen wieder zu reaktivieren.

Nach 10 Jahren maurerischer Dunkelheit glimmte auch in den östlichen, sowjetisch besetzten Teilen Deutschlands ein kleiner Funke Hoffnung auf eine Wiederaufnahme der freimaurerischen Arbeit. Während in den amerikanischen und britischen Zonen eine Zulassung der Logen bald nach dem Krieg erfolgte, waren die Zeichen in der sowjetischen Besatzungszone nicht so günstig. Der letzte Logenmeister der Geraer Loge, Bruder Walther Lührs, war es wiederum, der versuchte, die Arbeitsfähigkeit der Loge wiederherzustellen.

Aber in der unmittelbaren Nachkriegszeit galt es vor allem, mit den wirtschaftlichen Problemen der Menschen und damit auch der Brüder und deren Familien fertigzuwerden. So waren die ebenso hilfreichen wie berühmt gewordenen »Care-Pakete« auch über die freimaurerischen Hilfsorganisationen nach Deutschland gekommen und die wieder provisorisch arbeitende Große Landesloge suchte Kontakt zu den ehemaligen »Amtsträgern«, um eine Verteilung der so dringend benötigten Hilfen schnell durchführen zu können und um vor allem die nach dem Krieg vielfach veränderten Adressen zu erfahren. Bruder Lührs erarbeitete im Jahr 1946 eine Liste von Namen von über 15 Brüdern und deren Familien, die besonders von den unmittelbaren Kriegsfolgen betroffen waren.

Bezüglich der Arbeitsmöglichkeiten der Logen in den verschiedenen Besatzungszonen waren die Informationen und der Stand der Bemühungen durchaus unterschiedlich.

Aus einem Brief des Bruders Lührs an den Bruder Krebs in Leipzig erfahren wir: »Unsere Großloge, die GLL in Berlin, ist übrigens entgegen Ihrer Information schon wieder sehr aktiv, und in den englischen und amerikanischen Gebieten hat sie bereits eine Reihe von Tochterlogen wiedereröffnen können. Hierüber habe ich absolut zuverlässige Nachrichten.«

In Thüringen wurden, auch unter aktiver Mitwirkung des Bruders Lührs, die Aktivitäten und der Kampf um die Zulassung der Logen etwas konkreter. Bruder Lührs stand in dieser Zeit in regem Briefaustausch mit dem Bruder Curt Giehren aus Ilmenau. Dieser versuchte seit Kriegsende, konkret seit dem 11.07.1945, eine Wiederzulassung der Freimaurerlogen zu erreichen und strebte auch die Schaffung einer Großloge von Thüringen unter der Bezeichnung »Große Landesloge von Thüringen« an.

Von 1945 bis Ende des Jahres 1946 versuchte der Bruder Giehren, teilweise auch mit Unterstützung durch den Bruder Lührs, durch unzählige Schreiben an den Präsidenten des Landes Thüringen Dr. Paul die Wiederzulassung der Logen voranzutreiben. Bereits am 23. Oktober 1945 teilt der Präsident des Landes Thüringen, Dr. Paul mit:
»Wie mir die Sowjet-Militär-Administration auf meinen Antrag mitteilt, ist die Errichtung von Logen nicht gestattet…«
Die dunkle Zeit in unserer Loge wurde also durch diesen Beschluss bis zur Wiedervereinigung der beiden Teile Deutschlands verlängert.

Vorbereitungen zum Neuanfang 1990 bis 1997

Die Wiedervereinigung unseres deutschen Vaterlandes am 3. Oktober 1990 brachte die, von vielen für immer verloren geglaubten bürgerlichen Freiheiten und Rechte in den Osten und damit auch nach Gera zurück. Ab diesem Wendepunkt war es auch im »Osten« wieder möglich Freimaurerei zu leben.

So kam es, dass eine Tochterloge der »Großen Landesloge der Freimaurer von Deutschland – Freimaurerorden« damit beauftragt wurde, die 1935 geschlossene Loge »Heinrich zur Treue« zu reaktivieren. Den Auftrag, die Reaktivierung in die Praxis umzusetzen und die Arbeit vor Ort zu leisten, hatte die Remscheider Ordensloge »Zu den Romeriken Bergen« bekommen. Mit einer bewundernswerten Ausdauer, mit Fleiß, einem großen Zeit- und einem nicht unerheblichen finanziellen Aufwand begannen die Brüder aus Remscheid einen riesigen Berg an Arbeit zu bewältigen, die sprichwörtliche Nadel im Heuhaufen, d.h. Namen von ehemaligen Logenmitgliedern herauszufinden und möglichst mit deren Nachkommen in Kontakt zu kommen. Gleichzeitig mussten möglichst viele neue Kontakte geknüpft werden, da nicht damit zu rechnen war, dass alle möglicherweise gefundenen Nachkommen sich ebenso wie Ihre Altvorderen für die Freimaurerei interessieren. Neben den oben bereits genannten Ressourcen war vor allen Dingen eins gefragt: Informationen, Informationen, Informationen!

So wurden die ersten Gästeabende organisiert und in Vortragsreihen für die Ziele und die Aufgaben der Freimaurerei geworben.

Am 23.1.1991 gründete sich der »Verein zur Reaktivierung der Johannisloge Heinrich zur Treue« mit 14 engagierten Mitgliedern der Remscheider Loge Bruder Rolf Vogelsang wurde durch die Mitglieder in der Gründungsversammlung zum Vorsitzenden gewählt.

Es wurde versucht durch persönliches Aufsuchen der Nachfahren von ehemaligen Logenmitgliedern wieder die »örtlichen« Verbindungen zu erhalten, um die erforderlichen Kontakte zu knüpfen. Auch wenn nicht alle Nachkommen der ehemaligen Mitglieder unserer Loge Interesse an der Mitarbeit zeigten, wurden so doch die erforderlichen Kontakte geknüpft und letztlich eine der Grundlage für die künftige Mitgliedschaft geschaffen.

In den darauffolgenden Monaten gab es Presseveröffentlichungen zur Geschichte der Freimaurerei und der Logen in Gera im Zusammenhang mit der Tätigkeit des Vereins. Diese Arbeiten wurden im Jahr 1992 und 1993 weitergeführt, es wurden mehrere Veranstaltungen zur Öffentlichkeitsarbeit durchgeführt.

Dadurch bekam der gegründete Verein ein gewisses Profil, wurde bekannter und hatte regional, also im Umkreis von Gera, bald einen Kreis von »Freunden«, die sich für die Aufbauarbeit und die Reaktivierung der Geraer Freimaurerloge interessierten.

Im Jahr 1994, drei Jahre nach der Gründung des Vereins und im vierten Jahr des Beginns der Arbeit der Remscheider Brüder, erfolgte die Aufnahme der ersten Geraer, also einheimischer »Nichtlogenmitglieder«, in den Verein zur Reaktivierung der Johannisloge »Heinrich zur Treue«. Im selben Jahr fand im Geraer Stadtmuseum eine Ausstellung mit dem Titel »Freimaurerei – ein Weg zur inneren Freiheit« statt. Diese vielbeachtete Ausstellung hatte zahlreiche Besucher und fand großen Anklang. Bald darauf zeigten sich die ersten »Auswirkungen« der Ausstellung und des Vortrags, weitere Geraer Herren fanden den Weg zum Verein.

1995 war auch das Jahr, in dem die ersten Geraer Mitglieder des Fördervereins in der Johannisloge »Zu den Romeriken Bergen« in Remscheid in die dortige Loge aufgenommen wurden. Somit wurde am 06. Mai 1995 den ersten drei Geraer Brüdern das freimaurerische Licht nach der Lehrart der Großen Landesloge der Freimaurer von Deutschland erteilt. Damit war eine »Keimzelle« für die Reaktivierung der Loge geschaffen. Bis 1996 wuchs die Gruppe der Geraer Brüder auf immerhin sechs Brüder an, und man konnte die Vorbereitungen zur Reaktivierung der Loge konkretisieren. Die Lichteinbringung wurde für 1997 geplant, und Stück für Stück wurden die Voraussetzungen dafür geschaffen. Aus den bislang gesammelten Geldern, durch die Unterstützung der Remscheider Loge und durch Spenden bzw. Geschenke anderer Logen war es möglich, die rituelle Ausrüstung für ordnungsgemäße Arbeiten im I. und im II. Grad der Johannisfreimaurerei zu finanzieren und zu beschaffen.

Als »Logenlokal« diente das damalige Hotel »Ramada«, in der Gutenbergstraße in Gera-Untermhaus gelegen, unmittelbar neben dem Gebäude des fürstlichen Küchengartens, wo sich am 19. Dezember 1874 zur Abhaltung der Tafelloge die »Gründungsbrüder« trafen.

Die Vorbereitungen wurden intensiviert, und nach Absprache mit der Ordensleitung und dem Vorstand der Großen Landesloge der Freimaurer von Deutschland wurde die Lichteinbringung auf den 7. Juni 1997 festgelegt. Dazu hatten 14 Brüder, Meister der Johannisloge »Zu den Romeriken Bergen« in Remscheid, am 11. September 1996 einen entsprechenden Antrag an die Große Landesloge der Freimaurer von Deutschland gestellt. Die reaktivierte Loge hatte sieben einheimische und fünfzehn Doppelmitglieder und damit die doch recht stattliche Zahl von insgesamt zweiundzwanzig Mitgliedern.

Lichteinbringung 7.6.1997

Lichteinbringung und die Zeit bis zur Selbstständigkeit der Geraer Brüder 1997 bis 2003

Zur Vorbereitung der Lichteinbringung wurden Logen aller Obedienzen eingeladen. Für den 7. Juni 1997 war die Veranstaltung im Hotel Ramada in Gera geplant. Insgesamt nahmen siebenundsiebzig Brüder an der Lichteinbringung teil. In einer Tempelarbeit im I. Grad brachte der Ordens ✠ Meister Bruder Hartwig Lohmann feierlich das Licht ein, und der Landesgroßmeister setzte Bruder Rolf Vogelsang als ersten Meister nach der Reaktivierung der Loge in sein Amt ein. Nach der Einsetzung der Beamten durch den Logenmeister hatte die 62 Jahre dauernde Dunkelheit in Gera ein Ende. Die Loge begann nach der Lichteinbringung zu arbeiten, und mangels eines eigenen Logenhauses wurden sowohl die rituellen Arbeiten als auch die Gästeabende im Hotel Ramada abgehalten.

Im Jahr 1999 konnte die Loge ihr 125-jähriges Stiftungsfest feiern. Mit vielen Gästen wurde am 05.06.1999 in einer Festarbeit der Gründung der Loge am 19. Dezember 1874 gedacht. Anlässlich des Stiftungsfestes wurde eine Ausstellung über die Freimaurerei in Gera durch die Brüder vorbereitet, die im Museum für angewandte Kunst (MAK) im Ferberschen Haus gezeigt wurde. Auch im Nachgang zu dieser Ausstellung meldeten sich weitere Interessenten.

Die Eigenständigkeit der Loge wuchs, und immer mehr Ämter wurden von den einheimischen Brüdern übernommen. Damit war es nicht mehr erforderlich, dass die Remscheider Brüder zu jeder Arbeit anreisen mussten, und die Arbeiten konnten regelmäßig und kontinuierlich durchgeführt werden.

Am 2. September 2000 wurde nach einem Umzug der neue Tempel im (damaligen) Hotel »Bauer Regent« in der Schülerstraße geweiht. Zur Tempelweihe waren die Großbeamten der Großen Landesloge der Freimaurer von Deutschland aus Berlin angereist, und unter der Leitung des damaligen Landesgroßmeisters, Bruder Wolfgang Dahme, wurde der Tempel feierlich geweiht. Insgesamt waren 22 Brüder aus 8 verschiedenen Logen angereist, um gemeinsam mit uns diese Tempelweihe zu feiern.

Nun waren die Möglichkeiten für eine regelmäßige Arbeit gegeben, und die Brüder beschlossen, dass die rituellen Arbeiten jeweils am dritten Freitag des Monats und die Gästeabende oder Logenbesprechungen jeweils am dritten Dienstag des Monats stattfinden sollen. Diese Festlegung gilt bis zum heutigen Tag.

Bruder Rolf Vogelsang

Die Jahre bis zum 150. Stiftungsfest 2024

Das Jahr 2008 begann mit einem guten Ereignis: Ein weiterer Suchender wurde in einer Arbeit in Gera in unseren Bund aufgenommen, sodass unsere Loge nunmehr auf 12 einheimische Mitglieder bauen konnte. In einer eher kleinen und wenig bekannten Gaststätte in der Pfarrstraße 21 war ein Raum frei geworden, der zuvor gewerblich genutzt wurde und nun wieder zur Vermietung stand. Ein Umzug dorthin wurde nach Beratung der Bruderschaft beschlossen und durchgeführt.

Ab September 2008 konnten wir unsere rituellen Arbeiten, ebenso wie unsere öffentlichen Veranstaltungen, erstmals wieder in eigenen Räumen durchführen. Zuletzt war das im Jahre 1935 möglich, als die ebenfalls angemieteten Räume im Gewerbehaus Gera (heute Haus des Handwerks am Puschkinplatz) in einer letzten Arbeit vor der Schließung durch die Nationalsozialisten aufgegeben werden mussten.
Im Jahr 2009 feierten wir das 135. Stiftungsfest und gleichzeitig das 12-jährige Bestehen der reaktivierten Loge. In diesem Jahr endete die zweite Amtszeit des gewählten Logenmeisters.

Bruder Schlutter wurde für eine dritte Amtszeit von seinen Brüdern gewählt. Er führte sein Amt als Logenmeister bis zum Jahr 2009 weiter. In diesem Jahr wurde er zum Meister der Andreas-Loge »Fidem Servans« gewählt. Die Brüder wählten daraufhin Bruder Ploska zum neuen Logenmeister.

Auch außerhalb der Arbeit im Tempel trafen sich die Brüder, um gemeinsam mit den Schwestern etwas zu unternehmen. So wurde und wird bis heute alljährlich ein Sommerfest gefeiert, an dem auch immer Schwestern und Brüder aus den befreundeten Logen und Gäste teilnehmen. Um das Datum des Martinstags herum treffen sich die Brüder, um bei einem Grabgang die Gräber der bereits verstorbenen Brüder zu besuchen und ihrer zu gedenken. Den Abschluss dieses Tages bildet dann immer ein gemeinsames Martinsgansessen.

Im Jahr 2010 führten die Brüder der Loge »Heinrich zur Treue« auf Schloss Burgk eine Ausstellung durch. Das Motto »Die Himmelsgegenden – Versuch einer freimaurerischen und profanen Topografie« brachte in der Ausstellung die Interpretationen freimaurerischer und profaner Künstler in einem Raum zusammen. Eine kleine Kabinettausstellung zum Thema Freimaurerei sowie eine Ausstellung freimaurerischer Exlibris und eine Reihe von Vorträgen rundeten diese Ausstellungsserie auf Schloss Burgk ab.

Im Rahmen dieser Ausstellungen fand auch die erste »Schlossarbeit« statt. Diese neu gegründete Tradition wurde bereits im Jahr 2011 mit einer weiteren Arbeit auf Schloss Burgk fortgesetzt und wird von Zeit zu Zeit wieder in den Arbeitsplan aufgenommen.

Im zweiten Jahr seiner Amtszeit als Logenmeister wurde auch Bruder Ploska mit einer neuen Aufgabe betraut. Er folgte Bruder Schlutter ins Amt des Andreasmeisters, da Bruder Schlutter zum Provinzialmeister der Provinzialloge Sachsen, Sachsen-Anhalt und Thüringen gewählt wurde. Das Amt des Logenmeisters wurde nun von Bruder Otto ausgeführt.

Das Jahr 2015 brachte einen erneuten Umzug der Loge mit sich. Die Brüder entschieden sich für ein neues Quartier im »Volkshaus Zwötzen« in der Salzstraße in Gera. In diesen Räumlichkeiten finden bis heute die Tempelarbeiten statt. Die Gästeabende werden in der Gaststätte »Museumsstuben« in Gera durchgeführt.

Im darauffolgenden Jahr wurde eine weitere Ausstellung geplant und durchgeführt. Unter dem Titel »Freimaurerei im Land der Reußen« fand vom 10. März bis 21. Mai eine Sonderausstellung im Stadtmuseum Gera statt. Bei dieser Ausstellung drehte sich alles um die regionale Geschichte und Gegenwart der Freimaurerlogen in unserer Region. Eine enge Zusammenarbeit mit dem Freimaurermuseum in Bayreuth ermöglichte es der Loge, den Besuchern viele einzigartige historische Ausstellungsstücke zu präsentieren. Auch wurde in der Ausstellung der Tempel der Loge aufgebaut. Neben Vorträgen und Podiumsdiskussionen wurden auch Führungen durch die Ausstellung von den Brüdern der Loge durchgeführt. Da diese Ausstellung bei der Geraer Bevölkerung großen Anklang fand, wurde sie um weitere drei Monate verlängert.

Ausstellung im Stadtmuseum Gera

Im Jahr 2016 wurde Bruder Otto von den Brüdern für weitere drei Jahre zum Logenmeister gewählt. In den folgenden Jahren wurde weiter am Wachstum der Loge gearbeitet. Durch regelmäßige Gästeabende und einige öffentliche Vorträge gelang es den Brüdern, weitere Suchende für die Freimaurerei zu interessieren.

Die dritte Amtszeit von Bruder Otto von 2019 bis 2022 wurde bald von den Ereignissen der Corona-Pandemie überschattet. So konnte die Loge, je nach aktueller Lage und unter Berücksichtigung der gültigen Verordnungen, Arbeiten und Gästeabende durchführen. Das tat dem Zusammenhalt der Bruderschaft jedoch keinen Abbruch. Im Gegenteil: Die Brüder waren nach dem offiziellen Ende der Pandemie begierig darauf, eine Normalität wiederherzustellen. Die Arbeiten und Gästeabende konnten wieder wie geplant durchgeführt werden. Im Jahr 2022 durften wir die ersten einheimischen Brüder zu ihrem 25-jährigen Freimaurerjubiläum beglückwünschen. Im selben Jahr beendete Bruder Otto seine dritte Amtsperiode, und Bruder Weiser wurde zum Logenmeister gewählt.

Die Öffentlichkeitsarbeit der Loge zahlte sich aus, und die Anzahl der Brüder wuchs bis zum Anfang des Jahres des 150. Jahrestages der Lichteinbringung auf 18 Brüder an.

Die Loge kann auf eine lange, wechselhafte und spannende Geschichte zurückblicken. Möge das Festjahr zu unserem Jubiläum Zeit zur dankbaren Erinnerung geben, aber uns auch das Licht auf unserem Weg voranleuchten und unsere Johannisloge durch die spannende Zeit führen.

**Logenmeister der Johannisloge Heinrich zur Treue
von 1874 bis 2024**

Bruder von Seckendorff	1874 bis 1875
Bruder von Niebecker	1875 bis 1876
Bruder Bankwitz	1876 bis 1878
Bruder von Seckendorff	1878 bis 1881
Bruder Hercher	1881 bis 1888
Bruder Linz	1888 bis 1906
Bruder Rühling	1906 bis 1907
Bruder Pfannmöller	1907 bis 1913
Bruder Pfannenschmidt	1913 bis 1925
Bruder (Dr.) Schinkel	1925 bis 1933
Bruder Lührs	1933 bis 1935
Schließung der Loge	1935 bis 1997
Bruder Vogelsang	1997 bis 2003
Bruder Schlutter	2003 bis 2009
Bruder Ploska	2009 bis 2013
Bruder Otto	2013 bis 2022
Bruder Weiser	seit 2022